W9-BXM-344

PARIS

RESTAURANTS & MORE

PARIS

RESTAURANTS & MORE

Angelika Taschen
Photos Vincent Knapp

TASCHEN

HONG KONG KÖLN LONDON LOS ANGELES MADRID PARIS TOKYO

brasserie

LIPP

151, BD SAINT-GERMAIN PARIS 6ᵉ
TEL : 01 45 48 53 91

The word gourmet comes from French, the Gault Millau restaurant guide is a French invention, so it is not surprising that people travel to Paris for its restaurants. You can still find the classic brasserie, the little bistro, the gourmet restaurant, all steeped in French tradition: plats de fruits de mer, escargots de Bourgogne, foie de canard, cassoulet maison, steak frites and haricots verts are on the menu. Enjoyed with a glass of champagne, Burgundy, Bordeaux, or Côtes du Rhône, and all in a wonderful classic setting, with leather benches and original Art Nouveau ceramic tiles and mirrors on the wall, as in Lipp, La Coupole, Bofinger or Balzar. However, the French are becoming more and more receptive to modern interpretations and international influence, as can be seen in Jean-Georges Vongerichten's Market with its modern interior design by Christian Liaigre in the sophisticated Avenue Matignon. Yet the small restaurants, bistros and cafés are still the most charming of all, frequently located in idyllic surroundings, and ideal for romantic moments – Paris is, after all, the city for lovers. Moulin de la Galette on Montmartre, Café des Deux Moulins, Au Bon Saint-Pourçain, – toujours l'amour.

Das Wort Gourmet kommt aus dem Französischen, der Gault Millau ist eine französische Erfindung, und so wundert es nicht, dass man nach Paris auch wegen seiner Restaurants reist. Hier gibt es noch die klassische Brasserie, das kleine Bistro, das Feinschmecker-Restaurant – immer der französischen Tradition verhaftet: plats des fruits de mer, escargots de Bourgogne, foie de canard, cassoulet maison, steak frites und haricots verts stehen auf dem Menu. Dazu Champagner, Burgunder, Bordeaux, Côtes du Rhône. Das Ganze in wunderbar klassischem Ambiente mit originalen Jugendstilkacheln, Spiegeln und Lederbänken an der Wand wie im Lipp, La Coupole, Bofinger oder Balzar. Inzwischen öffnen sich aber auch die Franzosen mehr und mehr modernen Interpretationen und internationalen Einflüssen, so im Market von Jean-Georges Vongerichten an der mondänen Avenue Matignon, das von Christian Liaigre modern gestaltet wurde. Doch am reizvollsten sind die kleinen, oft idyllisch gelegenen Restaurants, Bistros und Cafés, die sich besonders für romantische Stunden eignen, Paris ist ja die Stadt der Liebe. Das Moulin de la Galette am Montmartre, das Café des Deux Moulins, das Au Bon Saint-Pourçain, – toujours l'amour.

La langue allemande a emprunté le mot « gourmet » au français, le GaultMillau est une invention française, on ne s'étonnera donc pas que les étrangers aillent aussi à Paris pour les restaurants. Il faut dire qu'on y trouve encore des brasseries traditionnelles, des petits bistros, des restaurants gastronomiques, qui ont au menu des spécialités typiquement françaises comme les plats de fruits de mer, les escargots de Bourgogne, le foie de canard, le cassoulet, le steak frites et les haricots verts, que l'on vous servira avec une coupe de Champagne ou un verre de Bourgogne, de Bordeaux ou de Côtes du Rhône. Tout cela dans des décors merveilleusement classiques avec d'authentiques carreaux de style Art nouveau, de grandes glaces aux murs et des banquettes en cuir comme au Lipp, à La Coupole, au Bofinger ou au Balzar. Mais les Français sont de plus en plus ouverts aux tendances contemporaines et aux influences internationales. Un bon exemple en est le Market de Jean-Georges Vongerichten sur l'élégante Avenue Matignon, qui a été aménagé avec modernité par Christian Liaigre. Pourtant les établissements les plus charmants sont sans nul doute les petits restaurants, bistros et cafés, situés dans un cadre souvent idyllique et se prêtant particulièrement aux rendez-vous romantiques : le Moulin de la Galette à Montmartre, le Café des Deux Moulins, Au Bon Saint-Pourçain. Car Paris est aussi la ville de l'amour !

Bon appétit!

A. Taschen

Angelika Taschen

Palais Royal
Musée du Louvre

Place de la Madeleine
Madeleine
Bd. de la Madeleine
Bd. des
Rue du Faubourg St-Honoré
Royale
Rue
Cambon
RITZ
Rue de la
Place Vendôme
Rue St-Honoré
Rue
Rue du Mont Thabor
Rue de
Concorde
Ave. des Champs-Élysées
Place de la Concorde
Tuileries
JARDIN DES TUILERIES
MUSÉE DE L'ORANGERIE
Quai des Tuileries
SEINE
Quai Anatole France
Boulevard Saint-Germain
Rue de Lille
MUSÉE D'ORSAY
Rue Saint-Dominique
Rue du Bac
Quai

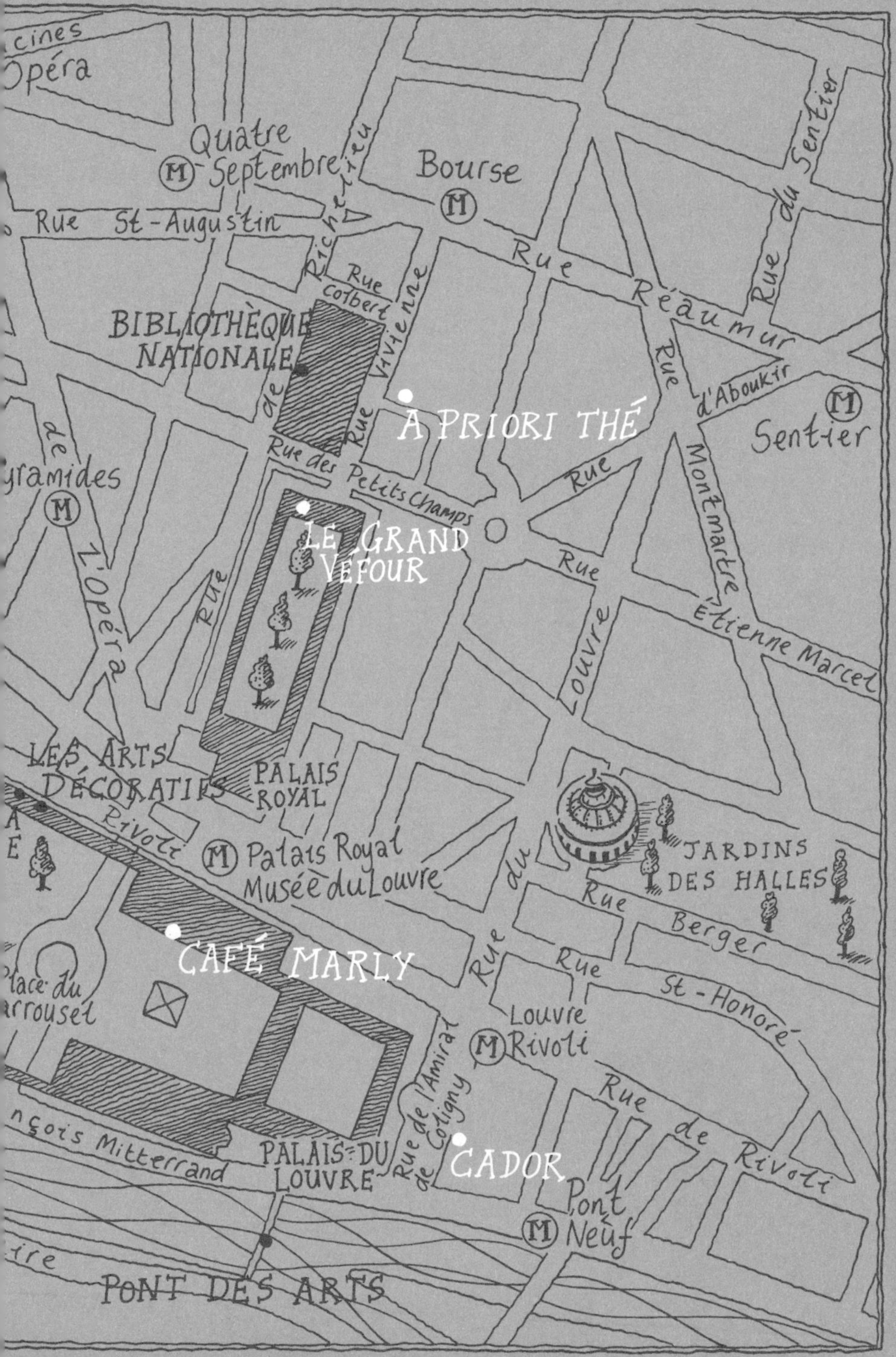

Opéra
Quatre Septembre
Bourse
Rue St-Augustin
Rue de Richelieu
Rue Colbert
Rue Vivienne
Rue du Sentier
Rue Réaumur
Rue d'Aboukir
Sentier
BIBLIOTHÈQUE NATIONALE
À PRIORI THÉ
Rue des Petits Champs
Rue Montmartre
Pyramides
Rue de l'Opéra
LE GRAND VÉFOUR
Rue Étienne Marcel
Rue du Louvre
LES ARTS DÉCORATIFS
PALAIS ROYAL
Rivoli
Palais Royal Musée du Louvre
JARDINS DES HALLES
Rue Berger
CAFÉ MARLY
Rue St-Honoré
Place du Carrousel
Louvre Rivoli
Rue de l'Amiral de Coligny
Rue de Rivoli
PALAIS DU LOUVRE
CADOR
Pont Neuf
PONT DES ARTS

Le Grand Véfour

17, rue de Beaujolais, 75001 Paris
☎ +33 1 42 96 56 27
www.relaischateaux.com/vefour
Métro: Palais Royal Musée du Louvre

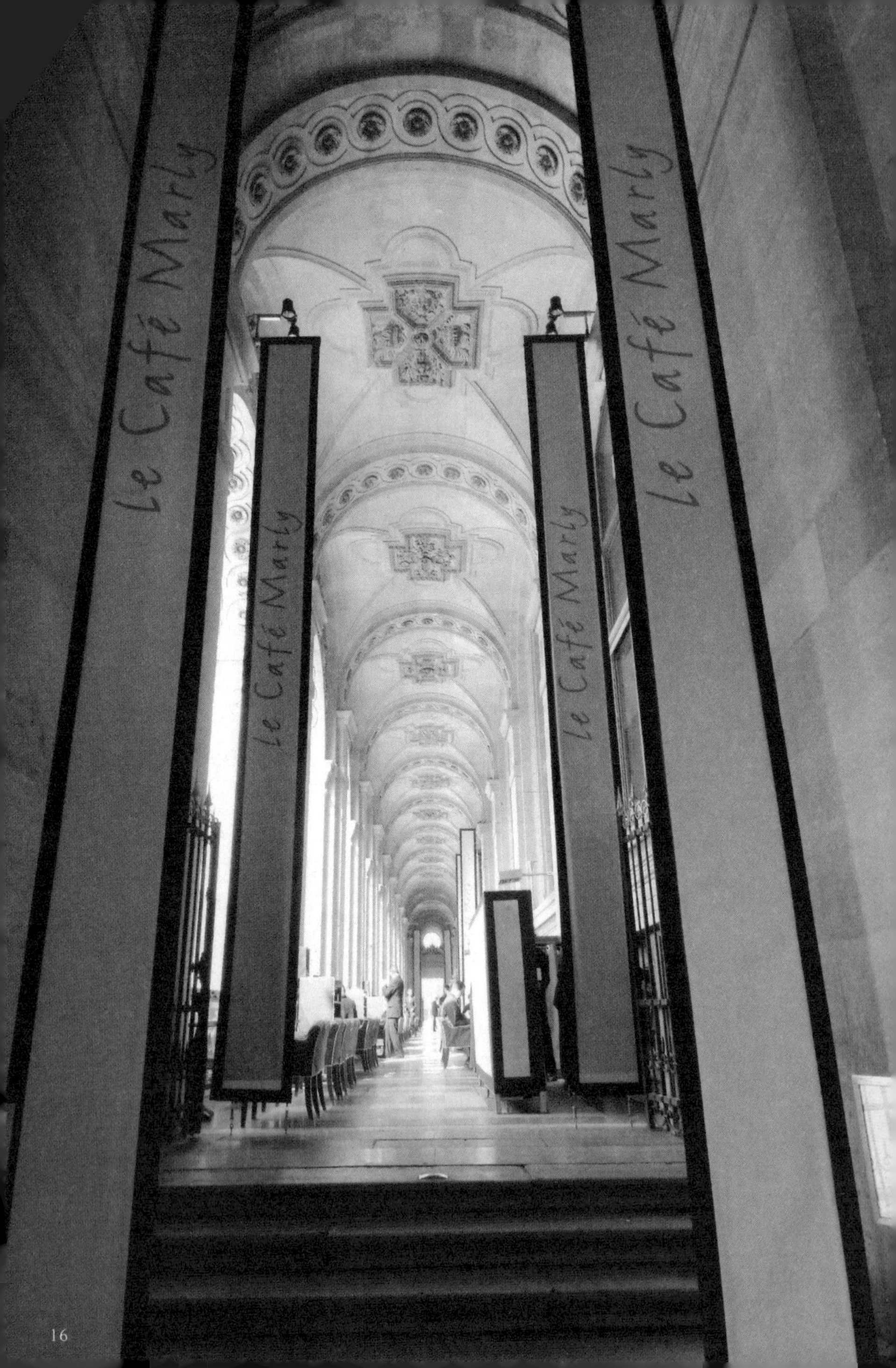

Café Marly

93, rue de Rivoli, 75001 Paris
☎ + 33 1 49 26 06 60
Métro: Palais Royal Musée du Louvre

Cador

2, rue de l'Amiral de Coligny, 75001 Paris
☎ +33 1 45 08 19 18
Métro: Louvre Rivoli

À Priori Thé

35–37, Galerie Vivienne, 75002 Paris
(Access from rue de la Banque, or rue des Petits Champs)
☎ +33 1 42 97 48 75
Métro: Bourse

Le Grand Véfour

17, rue de Beaujolais
75001 Paris
℡ +33 1 42 96 56 27
www.relaischateaux.com/vefour

P. 12/13

Café Marly

93, rue de Rivoli
75001 Paris
℡ + 33 1 49 26 06 60

P. 16/17

Elegant French Restaurant
Chef: Guy Martin

Interior: Original directoire style, listed for preservation |
Open: Closed on Friday evening, Saturday and Sunday | Warm
food served from 12.30–14.00, 20.00–22.00 | **X-Factor:** An
excellent choice in up-market French cuisine | **Prices:** 78 €
lunch menu/255 € dinner menu

Interieur: Original Directoire-Stil, denkmalgeschützt |
Öffnungszeiten: Freitagabend, Sa, So geschlossen | Küche
geöffnet 12.30–14 Uhr, 20–22 Uhr | **X-Faktor:** Gehobene
französische Küche, exzellente Auswahl | **Preise:** 78 € Me-
nü (mittags)/255 € Menü (abends)

Décoration intérieure : Style Directoire d'origine, classé
monument historique | **Horaires d'ouverture :** Fermé le Ven-
dredi soir, le samedi et le dimanche | Cuisine ouverte 12h30–
14h, 20h–22h | **Le « petit plus » :** Cuisine française supérieu-
re, excellent choix | **Prix :** 78 € menu (midi)/255 € menu (soir)

Stylish Café in the Louvre
Design: Yves Taralon, Olivier Gagnère, Jacques Garcia

Open: Daily from 08.00–02.00 | **X-Factor:** The terrace with
a view of the Louvre pyramid | Breakfast and light meals |
Prices: 16 € starters/20 € main course

Öffnungszeiten: Täglich 8–2 Uhr | **X-Faktor:** Terrasse mit
Blick auf die Louvre-Pyramide. Frühstück, leichte Gerichte |
Preise: 16 € Vorspeise/20 € Hauptgericht

Horaires d'ouverture : Tous les jours 8h–2h du matin |
Le « petit plus » : La terrasse avec vue sur la pyramide du
Louvre. Petit-déjeuner, plats légers | **Prix :** 16 € entrée/
20 € plat principal

Cador

2, rue de l'Amiral de Coligny
75001 Paris
℡ +33 1 45 08 19 18

P. 20/21

À Priori Thé

35–37, Galerie Vivienne
75002 Paris
(Access from rue de la Banque,
or rue des Petits Champs)
℡ +33 1 42 97 48 75

P. 24/25

Elegant Tearoom

Interior: Original Louis XVI | **Open:** Tuesday to Sunday
08.30–19.30 | **X-Factor:** Home-made chocolates, cakes,
light meals | **Prices:** Pastries 3 €/Salad 8 €/Tea 4 €

Interieur: Original Louis XVI | **Öffnungszeiten:** Di bis So
8.30–19.30 Uhr | **X-Faktor:** Hausgemachte Pralinen, Ku-
chen, leichte Gerichte | **Preise:** 3 € Pâtisserie/8 € Salat/
4 € Tee

Décoration intérieure : Style Louis XVI | **Horaires
d'ouverture :** Mar–Dim 8h30–19h30 | **Le « petit plus » :**
Chocolats maison, gâteaux, plats légers | **Prix :** 3 € pâtisse-
rie/8 € salade/4 € thé

Tearoom in nostalgic 19th century arcades

Open: Mon–Fri 09.00–18.00, Sat 09.00–18.30, Sun
12.00–18.30 | Reservation recommended for lunch |
X-Factor: Chocolate cake and lemon cake, snacks | **Prices:**
6.50 € cakes/à la carte 21 €/a pot of tea 5 €

Öffnungszeiten: Mo bis Fr 9–18 Uhr, Sa 9–18.30 Uhr, So
12–18.30 Uhr | Mittags Reservierung empfohlen | **X-Faktor:**
Schokoladen- und Zitronenkuchen, Snacks | **Preise:** 6,50 €
Patisserie/21 € à la carte/5 € Teekanne

Horaires d'ouverture : Lun–Ven 9h–18h, Sam 9h–18h30,
Dim 12h–18h30 | Réserver de préférence pour le déjeuner |
Le « petit plus » : Gâteaux au chocolat et au citron, snacks |
Prix : 6,50 € pâtisserie/21 € à la carte/5 € théière

Champs-Élysées Étoile

Ave. Foch
ARC DE TRIOMPHE
Rue de la Pompe
Avenue
Avenue Victor Hugo
Victor Hugo
Kléber
Avenue D'Iéna
Avenue
Ave. Bugeaud
Place Victor Hugo
Lauriston
Kléber
Rue Boissière
Raymond
CRISTAL ROOM
Rue
BAR DU
Rue de Lubeck
Ave. d'Iéna
Rue de Chaillot
Avenue Pierre
Boissière
Avenue
Poincaré
Ave. d'Eylau
Rue du
PALA
GALL
Président Wi
Iéna
Avenue
Place du Trocadéro et du 11 Novembre
York
Ave. de New
Trocadéro
CAFÉ DE L'HOMME
MUSÉE DE LA MARINE
JARDINS DU TROCADÉRO
Quai
Bra
Place de Varsovie
PALAIS DE CHAILLOT
MUSÉE DU QUAI DE BRA

Rue Balzac

Rue Washington

Rue de Berri

Rue du Faubourg

La Boétie

St-Honoré

St-Philippe
du Roule

George V Rue

Ⓜ

Avenue des

Rue

Rue

Rue

Avenue Franklin

Ⓜ

MARKET

Champs-Élysées

de Ponthieu

Ave. Matignon

Rue Pierre Charron

V

Franklin-D.
Roosevelt

Ⓜ

Rond-Point
des Champs-Élysées

EV

R.

Fransors 1er

George V

L'AVENUE

Montaigne

D. Roosevelt

GRAND
PALAIS

BAR DU PLAZA

Avenue

erbie

Ⓜ Alma-Marceau

Cours Albert 1er

Cours la Reine

Pont de l'Alma

S E I N E

Quai d'Orsay

Ave. Rapp

Ave. Bosquet

Rue de l'Université

Market

15, Avenue Matignon, 75008 Paris
☏ +33 1 56 43 40 90
www.jean-georges.com
Métro: Franklin D. Roosevelt

Bar du George V

Hôtel George V
31, Avenue George V, 75008 Paris
☎ +33 1 49 52 70 06
www.fourseasons.com
Métro: George V

L'Avenue

41, Avenue Montaigne, 75008 Paris
☎ +33 1 40 70 14 91
Métro: Franklin D. Roosevelt/Alma Marceau

Bar du Plaza Athénée

Hôtel Plaza Athénée Paris
25, Avenue Montaigne, 75008 Paris
☎ +33 1 53 67 66 65
www.plaza-athenee-paris.com
Métro: Alma Marceau

Cristal Room
Baccarat

La Maison de Baccarat
11, Place des États-Unis, 75016 Paris
☎ +33 1 40 22 11 10
www.baccarat.fr
Métro: Boissière/Kléber

Café de l'Homme

17, Place du Trocadéro, 75016 Paris
☎ +33 1 44 05 30 15
www.cafedelhomme.com
Métro: Trocadéro

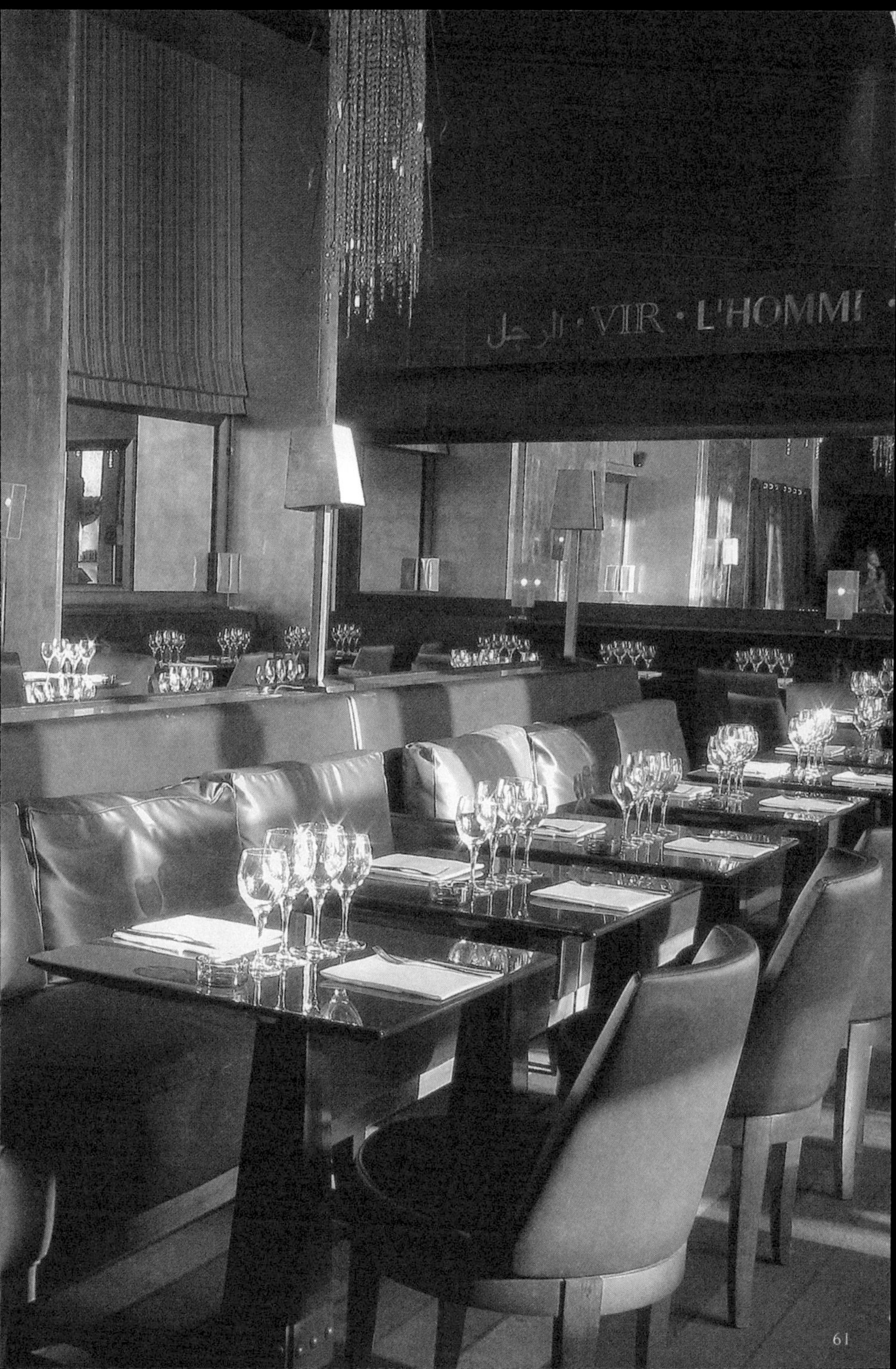
الرجل · VIR · L'HOMME

Market

15, Avenue Matignon
75008 Paris
☎ +33 1 56 43 40 90
www.jean-georges.com

P. 34/35

Bar du George V

Hôtel George V
31, Avenue George V
75008 Paris
☎ +33 1 49 52 70 06
www.fourseasons.com

P. 38/39

Fashionable Gourmet Restaurant
Chef: Jean-Georges Vongerichten | **Design:** Christian Liaigre

Open: Lunch-time: 12.00–15.00, evenings: Sun to Tues 19.30–23.30, Wed to Sat 19.30–00.30 | **X-Factor:** Pizza with black truffles | **Prices:** 60 € à la carte (lunch)/85 € à la carte (dinner)

Öffnungszeiten: Mittags: 12–15 Uhr; abends: So bis Di 19.30–23.30 Uhr, Mi bis Sa 19.30–0.30 Uhr | **X-Faktor:** Pizza mit schwarzen Trüffeln | **Preise:** 60 € à la carte (mittags)/85 € à la carte (abends)

Horaires d'ouverture : Le midi : 12h–15h ; le soir : Dim–Mar 19h30–23h30, Mer–Sam 19h30–0h30 | **Le « petit plus » :** La pizza aux truffes | **Prix :** 60 € à la carte (midi)/85 € à la carte (soir)

Elegant Hotel Bar
Chef: Johan Burgos

Open: Sun to Fri 10.00–01.00, Sat 10.00–02.00; warm food served 18.00–00.00 | **X-Factor:** Excellent sandwiches, good choice of dishes and whiskeys | **Prices:** 22–51 € sandwiches/ 45 € main course/84 € à la carte

Öffnungszeiten: So bis Fr 10–1 Uhr, Sa 10–2 Uhr; Küche 18–24 Uhr | **X-Faktor:** Hervorragende Sandwiches, gute Auswahl an Gerichten und Whiskeys | **Preise:** 22–51 € Sandwich/45 € Hauptgericht/84 € à la carte

Horaires d'ouverture : Dim–Ven 10h–1h du matin, Sam 10h–2h du matin ; cuisine 18h–24h | **Le « petit plus » :** Délicieux sandwichs, bon choix de plats et de whiskys | **Prix :** 22–51 € sandwich/45 € plat principal/84 € à la carte

L'Avenue

41, Avenue Montaigne
75008 Paris
☎ +33 1 40 70 14 91

P. 42/43

Bar du Plaza Athénée

Hôtel Plaza Athénée Paris
25, Avenue Montaigne
75008 Paris
☎ +33 1 53 67 66 65
www.plaza-athenee-paris.com

P. 48/49

Trendy Restaurant in Violet, Velvet and Gold
Design: Jacques Garcia

Open: Daily 08.00–02.00 | **X-Factor:** Light and healthy cuisine | **Prices:** 18–35 € starters/38–61 € main course

Öffnungszeiten: Täglich 8–2 Uhr | **X-Faktor:** Leichte und gesunde Küche | **Preise:** 18–35 € Vorspeise/38–61 € Hauptgericht

Horaires d'ouverture : Tous les jours 8h–2h du matin | **Le « petit plus » :** Cuisine légère et saine | **Prix :** 18–35 € entrée/38–61 € plat principal

Historical Hotel Bar in Modern Look
Chef: Luigi Colombetti, Thierry Hernandez | **Design:** Patrick Jouin

Open: Daily 18.00–02.00 | **X-Factor:** The glass bar, which lights up when touched | Excellent cocktail list | **Prices:** Cocktails 24 €/Wine 20 € (glass)/Champagne 25 € (glass)

Öffnungszeiten: Täglich 18–2 Uhr | **X-Faktor:** Gläserne Bar, die bei Berührung aufleuchtet | Exzellente Cocktail-Karte | **Preise:** 24 € Cocktails/20 € Wein (Glas)/25 € Champagner (Glas)

Horaires d'ouverture : Tous les jours 18h–2h du matin | **Le « petit plus » :** Comptoir en verre, qui s'illumine au toucher | Excellente carte de cocktails | **Prix :** 24 € cocktails/ 20 € vin (verre)/25 € champagne (coupe)

**Cristal Room
Baccarat**

La Maison de Baccarat
11, Place des États-Unis
75016 Paris
☎ +33 1 40 22 11 10
www.baccarat.fr

P. 54/55

**Café de
l'Homme**

17, Place du Trocadéro
75016 Paris
☎ +33 1 44 05 30 15
www.cafedelhomme.com

P. 58/59

Glamorous Restaurant
Chef: Thierry Burlot | **Design:** Philippe Starck

Open: Closed on Sunday, food served 08.30–23.00 | Reservation essential | **X-Factor:** Spectacular crystal decoration; imaginative dishes, such as lobster tajine, excellent wines | **Prices:** 100–120 € à la carte/150–200 € set menu

Öffnungszeiten: So geschlossen, Küche 8.30–23 Uhr | Reservierung erforderlich | **X-Faktor:** Spektakuläre Kristalldekoration. Fantasievolle Gerichte, wie Hummer-Tajine, exzellente Weine | **Preise:** 100–120 € à la carte/150–200 € Menü

Horaires d'ouverture : Fermé le dimanche, restaurant 8h30–23h | Sur réservation | **Le « petit plus » :** Décoration en cristal spectaculaire. Plats originaux, comme le crabe-tagine, excellents vins | **Prix :** 100–120 € à la carte/150–200 € menu

Café in the Palais de Chaillot

Open: 12.00–02.00 | **X-Factor:** The terrace with its spectacular view of the Eiffel Tower | **Prices:** 15 € starters/17 € pasta and uncooked dishes/10 € dessert

Öffnungszeiten: 12–2 Uhr | **X-Faktor:** Terrasse mit atemberaubendem Blick auf den Eiffelturm | **Preise:** 15 € Vorspeise/28 € Hauptgericht/17 € Pasta, kalte Gerichte/10 € Dessert

Horaires d'ouverture : 12h–2h du matin | **Le « petit plus » :** La terrasse avec sa vue à couper le souffle sur la tour Eiffel | **Prix :** 15 € entrée/28 € plat principal/17 € pâtes et plats froids/10 € dessert

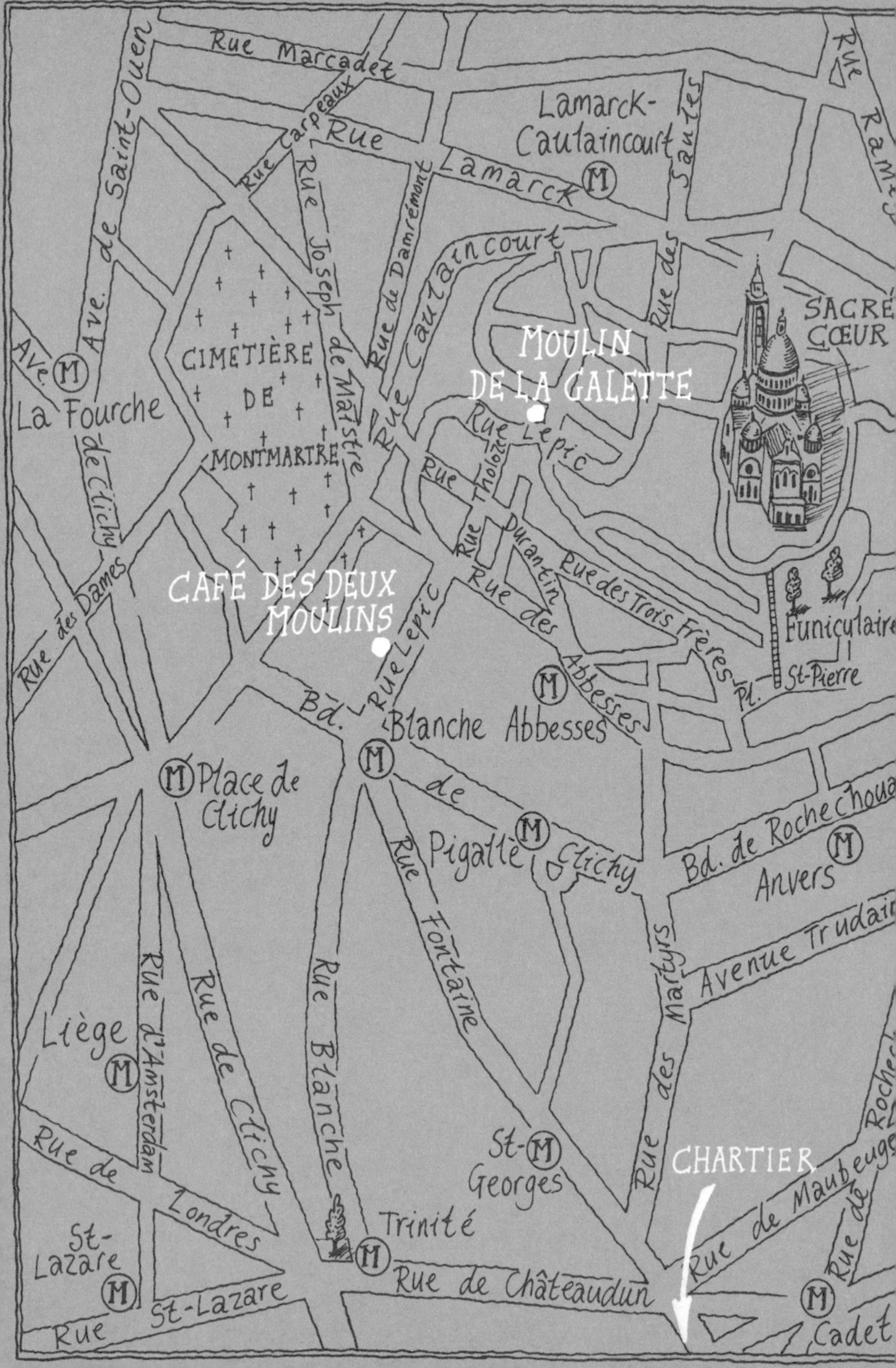
Rue Marcadet
Ave. de Saint-Ouen
Rue Carpeaux
Rue Lamarck
Lamarck-Caulaincourt
Rue des Saules
Rue Ramey
Rue Joseph de Maistre
Rue de Damrémont
Rue Caulaincourt
Rue des
SACRÉ CŒUR
MOULIN DE LA GALETTE
Rue Lepic
Rue Tholozé
Rue Durantin
Rue des Trois Frères
Funiculaire
Pl. St-Pierre
CIMETIÈRE DE MONTMARTRE
Ave.
La Fourche
Rue de Clichy
Rue des Dames
CAFÉ DES DEUX MOULINS
Rue Lepic
Rue des Abbesses
Bd. Blanche
Abbesses
Place de Clichy
Bd. de Clichy
Pigalle
Bd. de Rochechoua
Anvers
Avenue Trudaine
Rue Fontaine
Rue des Martyrs
Liège
Rue d'Amsterdam
Rue de Clichy
Rue Blanche
Rue de Londres
St-Georges
CHARTIER
Rue de Maubeuge
Rue de Rochech
Trinité
St-Lazare
Rue de Châteaudun
Rue St-Lazare
Cadet

Montmartre Pigalle

Chartier

7, rue du Faubourg Montmartre, 75009 Paris
☎ +33 1 47 70 86 29
www.restaurant-chartier.com
Métro: Grands Boulevards

69

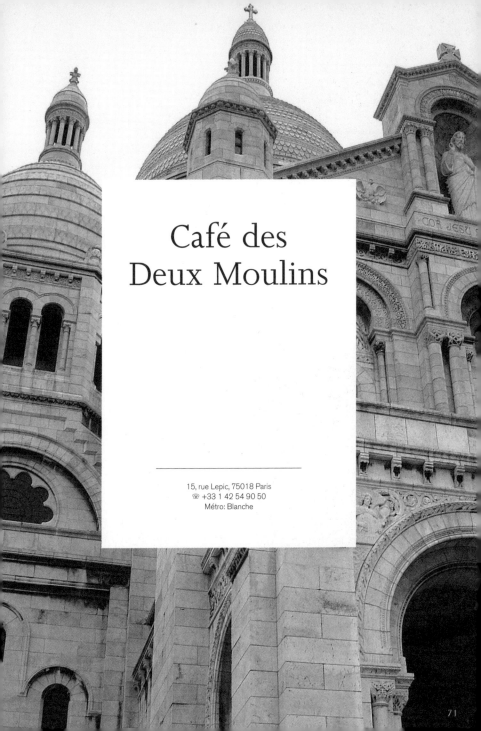

Café des Deux Moulins

15, rue Lepic, 75018 Paris
☎ +33 1 42 54 90 50
Métro: Blanche

Le Moulin de la Galette

83, rue Lepic, 75018 Paris
☎ +33 1 46 06 84 77
Métro: Blanche

Chartier

7, rue du Faubourg Montmartre
75009 Paris
☎ +33 1 47 70 86 29
www.restaurant-chartier.com

P. 66/67

Fin-de-siècle Restaurant

Café des Deux Moulins

15, rue Lepic
75018 Paris
☎ +33 1 42 54 90 50

P. 70/71

Traditional French Café

History: Opened 1896 | Historical building with the original decor of the 1890s | **Open:** Daily 11.30–16.00, 18.00–22.00 | **X-Factor:** Plain French home cooking | Speciality: Bouillon de Lundi, only available on Mondays | **Prices:** 3.50 € starters/10 € main course/3.50 € dessert

Geschichte: 1896 eröffnet | Historisches Gebäude mit Dekor aus den 1890ern | **Öffnungszeiten:** Täglich 11.30–16 Uhr, 18–22 Uhr | **X-Faktor:** Französische Hausmannskost | Spezialität: Bouillon de Lundi, nur montags erhältlich | **Preise:** 3,50 € Vorspeise/10 € Hauptgericht/3,50 € Dessert

Histoire : Ouvert en 1896 | Bâtiment historique avec décor des années 1890 | **Horaires d'ouverture :** Tous les jours 11h30–16h, 18h–22h | **Le « petit plus » :** Cuisine française traditionnelle | Spécialité : Le bouillon de lundi, servi le lundi | **Prix :** 3,50 € entrée/10 € plat principal/3,50 € dessert

Open: Mon to Fri 07.30–02.00, Sat/Sun 08.00–02.00 | Warm food served from 11.30–23.00 | **X-Factor:** Location for the film Amélie (2001) | Specialities: crème brûlée, entrecôte | **Prices:** 11 € main course/6 € starters/5 € dessert | Visa is the only credit card accepted

Öffnungszeiten: Mo bis Fr 7.30–2 Uhr, Sa/So 8–2 Uhr | Küche geöffnet 11.30–23 Uhr | **X-Faktor:** Drehort des Films Die wunderbare Welt der Amélie (2001) | Spezialitäten: Crème brûlée, Entrecôte | **Preise:** 11 € Hauptgericht/6 € Vorspeise/5 € Dessert | Kreditkarten nur Visa

Horaires d'ouverture : Lun-Ven 7h30–2h, Sam/ Dim 8h–2h | Cuisine ouverte 11h30–23h | **Le « petit plus » :** Lieu de tournage du film Le Fabuleux Destin d'Amélie Poulain (2001) | Spécialités : crème brûlée, entrecôte | **Prix :** 11 € entrée/5 € dessert | Cartes de crédit : Uniquement Visa

Le Moulin de la Galette

83, rue Lepic
75018 Paris
☎ +33 1 46 06 84 77

P. 74/75

Traditional Restaurant on Montmartre

Open: Daily 12.00–22.30 | **X-Factor:** Terrace with a view of the windmill in idyllic surroundings | **Prices:** 25 € lunch menu/9–17 € starters/17–27 € main course/9–13 € dessert | No evening menu

Öffnungszeiten: Täglich 12–22.30 Uhr | **X-Faktor:** Terrasse mit Blick auf die Windmühle in idyllischer Umgebung | **Preise:** 25 € Menü (mittags)/9–17 € Vorspeise/17–27 € Hauptgericht/9–13 € Dessert | Abends kein Menü

Horaires d'ouverture : Tous les jours 12h–22h30 | **Le « petit plus » :** La terrasse avec sa vue sur le moulin et son cadre idyllique | **Prix :** 25 € menu (midi)/ 9–17 € entrée/17–27 € plat principal/9–13 € dessert | Pas de menu le soir

Marais
Bastille

Étienne Marcel Ⓜ

Ⓜ Turb

Arts-et Métiers Ⓜ

Rue

de

Rue Beaubourg

Temple Rue

Ⓜ Les Halles

FORUM DES HALLES

Boulevard de Sébastopol

Rue Saint-Martin

Rue Rambuteau

Rambuteau Ⓜ

Rue du Renard

Rue du Rambuteau

des

GEORGES

Rue des Halles

Rue

Rue

Rue

Va

Châtelet Ⓜ

BENOIT

Rue de Rivoli

MARIAG FRERE

R. de Moussy

R. du Bourg Tibourg

Rue

Au
LES

Quai de Gesvres

Hôtel de Ville Ⓜ

Bd. du Palais

ÎLE DE LA CITÉ

Quai de l'Hôtel de Ville

SEINE

Ⓜ Po

Cathédrale Notre-Dame

ÎLE ST-LOUIS

Parmentier
Ⓜ

Bd. du Temple
Boulevard

Ⓜ Oberkampf
Rue Oberkampf

INNAMORATI
CAFFÉ

Rue de Bretagne
Charlot

Ⓜ Filles
du Calvaire

Voltaire

Rue du Poitou

Ⓜ St-Sébastien
Froissart

Lenoir

Ⓜ Richard
Lenoir

Temple
Rue de Thorigny
Turenne

MUSÉE
PICASSO

Boulevard

Richard

Rue du Chemin Vert

Rue St-Gilles
Chemin
Vert
Ⓜ

R À CHEVAL
4ES
Francs
Bourgeois

MA BOURGOGNE

Rue de Sévigné

Rue de Bourgeois

Place
des Vosges

Beaumarchais

Ⓜ Bréguet-
Sabin

Boulevard

Rue de la Roquette

R. des Taillandiers

Paul

Rue Saint

- Antoine

Rue d. la
Bastille

BOFINGER

Ⓜ Bastille

Rue de Charonne

Boulevard Henri IV

Ledru
Rollin Ⓜ

Ma Bourgogne

19, Place des Vosges, 75004 Paris
☎ +33 1 42 78 44 64
Métro: Bastille/Chemin Vert

Bofinger

5–7, rue de la Bastille, 75004 Paris
☎ +33 1 42 72 87 82
www.bofingerparis.com
Métro: Bastille

Les
Philosophes

28, rue Vieille du Temple, 75004 Paris
☎ +33 1 48 87 49 64
www.cafeine.com
Métro: Saint-Paul

les philosophes

les p

RUE
VIEILLE
DU TEMPLE

Au Petit Fer à Cheval

30, rue Vieille du Temple, 75004 Paris
☎ +33 1 42 72 47 47
www.cafeine.com
Métro: Saint-Paul

Mariage Frères

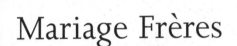

30–35, rue du Bourg-Tibourg, 75004 Paris
☎ +33 1 42 72 28 11
www.mariagefreres.com
Métro: Saint-Paul

Benoît

20, rue Saint-Martin, 75004 Paris
☎ +33 1 42 72 25 76
Métro: Châtelet/Hôtel de Ville

Georges

Centre Pompidou, 6th floor
Place Georges Pompidou , 75004 Paris
☏ +33 1 44 78 47 99
www.centrepompidou.fr
Métro: Rambuteau

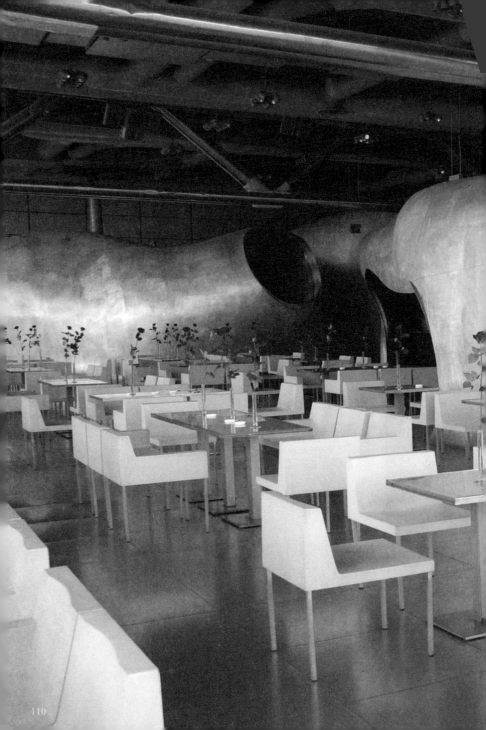

Innamorati Caffé

57, rue Charlot, 75003 Paris
☎ +33 1 48 04 88 28
Métro: Temple

Ma Bourgogne

19, Place des Vosges
75004 Paris
☎ +33 1 42 78 44 64

P. 84/85

Classic French Bistro

Bofinger

5–7, rue de la Bastille
75004 Paris
☎ +33 1 42 72 87 82
www.bofingerparis.com

P. 88/89

Art Nouveau Brasserie

Open: Mon to Sun 08.00–01.00, warm food served 12.00–01.00 | **X-Factor:** View of Place des Vosges | Speciality: beef tartare | **Prices:** 40–55 € à la carte/32 € set menu | No credit cards

Öffnungszeiten: Mo bis So 8–1 Uhr, Küche geöffnet 12–1 Uhr | **X-Faktor:** Blick auf den Place des Vosges | Spezialität: Rindfleisch-Tartar | **Preise:** 40–55 € à la carte/32 € Menü | Keine Kreditkarten

Horaires d'ouverture : Lun–Dim 8h–1h du matin, cuisine ouverte 12h–1h | **Le « petit plus » :** Vue sur la place des Vosges | Spécialité : tartare de bœuf | **Prix :** 40–55 € à la carte/32 € menu | Cartes de crédit non acceptées

History: Oldest brasserie in Paris, opened in 1864 | **Interior:** Spectacular Art Nouveau glass dome | **Open:** Mon to Fri 12.00–15.00, 18.00–01.00; Sat/Sun 12.00–01.00 | **X-Factor:** Excellent seafood | **Prices:** 13 € starters/22 € main course

Geschichte: Die älteste Brasserie in Paris, 1864 eröffnet | **Interieur:** Spektakuläre Art-nouveau-Glaskuppel | **Öffnungszeiten:** Mo bis Fr 12–15 Uhr, 18–1 Uhr; Sa/So 12–1 Uhr | **X-Faktor:** Exzellente Meeresfrüchte | **Preise:** 13 € Vorspeise/22 € Hauptgericht

Histoire : La plus vieille brasserie de Paris, ouverte en 1864 | **Décoration intérieure :** Coupole de verre spectaculaire dans le style Art nouveau | **Horaires d'ouverture :** Lun–Ven 12h–15h, 18h–1h ; Sam/Dim 12h–1h | **Le « petit plus » :** Excellents fruits de mer | **Prix :** 13 € entrée/22 € plat principal

Les Philosophes

28, rue Vieille du Temple
75004 Paris
☎ +33 1 48 87 49 64
www.cafeine.com

P. 92/93

Chic French Café

Au Petit Fer à Cheval

30, rue Vieille du Temple
75004 Paris
☎ +33 1 42 72 47 47
www.cafeine.com

P. 96/97

Charming Old Bistro

Open: Daily 09.00–02.00, warm food served 12.00–01.15 | **X-Factor:** The WC with its philosophical guidelines is worth a visit | Specialities: Utopian salad | **Prices:** 16 € main course/26 € set menu

Öffnungszeiten: Täglich 9–2 Uhr, Küche geöffnet 12–1.15 Uhr | **X-Faktor:** Sehenswerte Waschräume mit philosophischen Leitsätzen | Spezialität: Salade des utopistes | **Preise:** 16 € Hauptgericht/26 € Menü

Horaires d'ouverture : Tous les jours 9h–2h du matin, cuisine ouverte 12h–1h15 du matin | **Le « petit plus » :** Toilettes originales avec des maximes de philosophes | Spécialité : la salade des utopistes | **Prix :** 16 € Plat principal/26 € Menu

History: Opened for the first time in 1903 | **Interior:** The decor is early 20th century, with a large horseshoe-shaped bar and a beautiful mosaic floor | **Open:** Daily 09.00–02.00, warm food served 12.00–01.15 | **Prices:** 14.50 € main course/4 € sandwich

Geschichte: Erstmals 1903 eröffnet | **Interieur:** Dekor vom Anfang des 20. Jahrhunderts mit großer hufeisenförmiger Bar und schönem Mosaikboden | **Öffnungszeiten:** Täglich 9–2 Uhr, Küche geöffnet 12–1.15 Uhr | **Preise:** 14,50 € Hauptgericht/4 € Sandwich

Histoire : Ouvert pour la première fois en 1903 | **Décoration intérieure :** Décoration du début du XXe siècle avec comptoir en forme de fer à cheval et très joli sol en mosaïque | **Horaires d'ouverture :** Tous les jours 9h–2h du matin, cuisine ouverte 12h–1h15 du matin | **Prix :** 14,50 € plat principal/4 € sandwich

Mariage Frères
30–35, rue du Bourg-Tibourg
75004 Paris
☎ +33 1 42 72 28 11
www.mariagefreres.com

P. 100/101

Benoît
20, rue Saint-Martin
75004 Paris
☎ +33 1 42 72 25 76

P. 104/105

Teashop, Tearoom and Restaurant

Authentic Parisian Bistro

History: Family business established in 1854 | **Open:** Teashop daily 10.30–19.30, Restaurant daily 12.00–15.00, tearooms daily 15.00–19.00 | **X-Factor:** 500 different sorts of tea, light meals flavoured with tea aromas | Tea museum | **Prices:** 20 € main course/7–9 € pastries/dessert

Geschichte: Seit 1854 ein Familienunternehmen | **Öffnungszeiten:** Teeladen täglich 10.30–19.30 Uhr, Restaurant täglich 12–15 Uhr, Teesalon täglich 15–19 Uhr | **X-Faktor:** 500 Teesorten, leichte Gerichte mit Teearomen | Teemuseum | **Preise:** 20 € Hauptgericht/7–9 € Patisserie/Dessert

Histoire : Entreprise familiale depuis 1854 | **Horaires d'ouverture :** Magasin de thé tous les jours 10h30–19h30, restaurant tous les jours 12h–15h, salon de thé 15h–19h | **Le « petit plus » :** 500 variétés de thé, cuisine au thé | Musée du thé | **Prix :** 20 € plat principal/ 7–9 € pâtisserie/dessert

History: Opened in 1912, acquired by the Alain Ducasse group in 2005 | **Interior:** Belle Epoque | **Open:** Daily 12.00–14.30, 19.30–22.30; closed in August and for one week in February | **X-Factor:** Traditional French dishes | **Prices:** 38 € lunch menu/65 € à la carte

Geschichte: 1912 eröffnet; 2005 von der Alain Ducasse Gruppe gekauft | **Interieur:** Belle Epoque | **Öffnungszeiten:** Tägl. 12–14.30 Uhr, 19.30–22.30 Uhr; geschlossen im August und eine Woche im Februar | **X-Faktor:** Traditionelle französische Speisen | **Preise:** 38 € Menü (mittags)/65 € à la carte

Histoire : Ouvert en 1912 ; acheté par le groupe Alain Ducasse en 2005 | **Décoration intérieure :** Belle Époque | **Horaires d'ouverture :** Tous les jours 12h–14h30, 19h30–22h30 ; fermé en août et une semaine en février | **Le « petit plus » :** Plats traditionnels | **Prix :** 38 € menu (midi)/65 € à la carte

Georges
Centre Pompidou, 6th floor
Place Georges Pompidou
75004 Paris
☎ +33 1 44 78 47 99
www.centrepompidou.fr

P. 108/109

Innamorati
Caffé
57, rue Charlot
75003 Paris
☎ +33 1 48 04 88 28

P. 112/113

Rooftop Restaurant in Minimalist Design
Design: Dominique Jacob and Brendan McFarlane

Italian Cuisine

Open: Wed to Mon 12.00–01.00 | Reservation essential | **X-Factor:** Breathtaking view across Paris | **Prices:** 10–20 € starters/20–50 € main course/60 € à la carte

Öffnungszeiten: Mi bis Mo 12–1 Uhr | Reservierung erforderlich | **X-Faktor:** Atemberaubender Ausblick auf Paris | **Preise:** 10–20 € Vorspeise/20–50 € Hauptgericht/60 € à la carte

Horaires d'ouverture : Mer–Lun 12h–1h du matin | Sur réservation | **Le « petit plus » :** Superbe vue sur la ville de Paris | **Prix :** 10–20 € entrée/20–50 € plat principal/60 € à la carte

Open: Sun to Thurs 12.00–14.30, 19.30–23.00, Fri/Sat 19.30–23.30 | **X-Factor:** Home-made pasta specialities, such as Pasta Nera, at moderate prices | **Price:** 15–25 € lunch menu/25–45 € dinner menu

Öffnungszeiten: So bis Do 12–14.30 Uhr, 19.30–23 Uhr, Fr/Sa 19.30–23.30 Uhr | **X-Faktor:** Hausgemachte Pastaspezialitäten, wie z. B. Pasta Nera, zu moderaten Preisen | **Preise:** 15–25 € Menü (mittags)/25–45 € Menü (abends)

Horaires d'ouverture : Dim–Jeu 12h–14h30, 19h30–23h, Ven/Sam 19h30–23h30 | **Le « petit plus » :** Spécialités de pâtes, comme la pasta nera, à des prix modérés | **Prix :** 15–25 € menu (midi)/25–45 € menu (soir)

ÎLE DE LA CITÉ

Rue de Rivoli

Quai de l'Hôtel de Ville

St-Michel Ⓜ

Boulevard

Odéon Ⓜ

Rue Saint-Sulpice

Rue de Tournon

Saint Ⓜ

Cluny La Sorbonne

Maubert-Mutualité Ⓜ

Germain

SEINE

ÎLE ST-LOUIS

INSTITUT D MONDE ARAB

LE BALZAR

LA SORBONNE

St-Michel

Rue de Vaugirard

Rue des Écoles

Rue Cujas

Cardinal Lemoine Ⓜ

Rue des Écoles

JARDIN DU LUXEMBOURG

Luxembourg Ⓡ

Boulevard

Rue d'Assas

Rue d'Ulm

Rue Claude Bernard

Rue Mouffetard

Monge

Ⓜ Jussieu

Rue Cuvier

Rue

Rue Geoffroy-St-Hilaire

JARDIN DES PLAN

Rue Buff

LES CINQ SAVEURS D'ANADA

Place Monge Ⓜ

LA MOSQUÉE

Rue Censier Daubenton Ⓜ

MUSÉU NATIONA D'HISTOIR NATURELL

Boulevard de Port-Royal

Ave Denfert-Rochereau

Boulevard

Arago

Ave des Gobelins

Bd. de l'Hôpital

Ⓜ Les Gobelins

CATACOMBES

Ⓜ Denfert-Rochereau

Bd.

Auguste Blanqui

Place d'Italie

Place d'Italie Ⓜ

Jardin des Plantes

Brasserie
Balzar

49, rue des Écoles, 75005 Paris
☎ +33 1 43 54 13 67
www.brasseriebalzar.com
Métro: Cluny-La Sorbonne

Les Cinq Saveurs d'Anada

72, rue du Cardinal Lemoine, 75005 Paris
☎ +33 1 43 29 58 54
www.anada5saveurs.com
Métro: Cardinal Lemoine

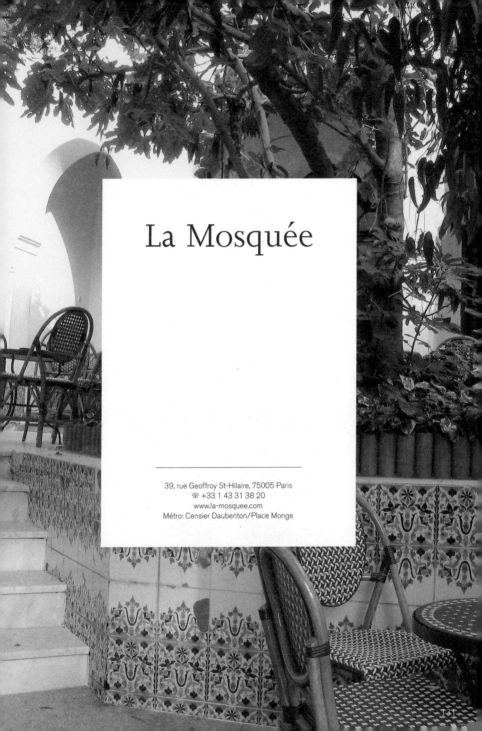

La Mosquée

39, rue Geoffroy St-Hilaire, 75005 Paris
☏ +33 1 43 31 38 20
www.la-mosquee.com
Métro: Censier Daubenton/Place Monge

Brasserie
Balzar

49, rue des Écoles
75005 Paris
☎ +33 1 43 54 13 67
www.brasseriebalzar.com

P. 120/121

Les Cinq
Saveurs d'Anada

72, rue du Cardinal Lemoine
75005 Paris
☎ +33 1 43 29 58 54
www.anada5saveurs.com

P. 126/127

Bohemian Brasserie
Architect: Louis Madeline

History: Brasserie since 1931 | Albert Camus and Jean-Paul Sartre used to have their lunch at Balzar | **Interior:** Art Deco | **Open:** Daily 08.00–00.00 | **X-Factor:** Raie au beurre fondu (skate in melted butter), Foie de veau poêlé (pan-fried veal liver), Mousse au chocolat | **Prices:** 37 € à la carte

Geschichte: Seit 1931 eine Brasserie | Hier trafen sich Albert Camus und Jean-Paul Sartre regelmäßig zum Lunch | **Interieur:** Art déco | **Öffnungszeiten:** Täglich 8–24 Uhr | **X-Faktor:** Raie au beurre fondu, Foie de veau poêlé, Mousse au chocolat | **Preise:** 37 € à la carte

Histoire: Brasserie depuis 1931 | Albert Camus et Jean-Paul Sartre s'y rencontraient pour déjeuner | **Décoration intérieure :** Art déco | **Horaires d'ouverture :** Tous les jours 8h–24h | **Le « petit plus » :** Raie au beurre fondu, Foie de veau poêlé, mousse au chocolat | **Prix :** 37 € à la carte

Vegetarian Restaurant

Open: Daily 12.00–14.30, 19.00–22.30 | **X-Factor:** Non-smoking restaurant | Crisp salads, macrobiotic dishes at moderate prices | **Prices:** 7.50 € salad/14 € main course/ 5.50 € dessert

Öffnungszeiten: Täglich 12–14.30 Uhr, 19–22.30 Uhr | **X-Faktor:** Nichtraucher-Restaurant | Knackige Salate, makrobiotische Gerichte zu moderaten Preisen | **Preise:** 7,50 € Salat/14 € Hauptgericht/5,50 € Dessert

Horaires d'ouverture : Tous les jours 12h–14h30, 19h–22h30 | **Le « petit plus » :** Restaurant non-fumeur | Salades croquantes, plats macrobiotiques à des prix modérés | **Prix :** 7,50 € salade/14 € plat principal/5,50 € dessert

La Mosquée

39, rue Geoffroy St-Hilaire
75005 Paris
☎ +33 1 43 31 38 20
www.la-mosquee.com

P. 130/131

Oriental Courtyard Tearoom and Restaurant

Interior: Shady courtyard with trees | **Open:** Tearoom daily 09.00–23.30, restaurant daily 12.00–15.30, 19.00–23.30 | **X-Factor:** Moroccan mint tea, oriental sweets | **Prices:** 6.50 € starters/16 € couscous/15 € tajine

Interieur: Begrünter Innenhof mit Bäumen | **Öffnungszeiten:** Teesalon täglich 9–23.30 Uhr, Restaurant täglich 12–15.30 Uhr, 19–23.30 Uhr | **X-Faktor:** Marokkanischer Minztee, orientalische Süßigkeiten | **Preise:** 6,50 € Vorspeise/16 € Couscous/15 € Tagine

Décoration intérieure : Cour intérieure ombragée | **Horaires d'ouverture :** Salon de thé tous les jours 9h–23h30, restaurant tous les jours 12h–15h30, 19h–23h30 | **Le « petit plus » :** Thé à la menthe marocain, sucreries orientales | **Prix :** 6,50 € entrée/16 € couscous/15 € tagine

LOUVRE

Quai François Mitterrand

SEINE

Quai Malaquais

Rue de Rivoli

Pont Neuf Ⓜ

Quai de la Mégisserie

Rue des St-Pères

Rue Jacob

Rue Bonaparte

Pont Neuf

ÎLE DE LA CITÉ

LE COMPTOIR DES SAINTS-PÈRES

R. de l'Abbaye

LA PALETTE

Rue de Seine

LE BAR DU MARCHÉ

Ⓜ Cit-

CAFÉ DE FLORE

Ⓜ St-Germain-des-Prés

R. Saint-André des Arts

BRASSERIE LIPP

Seine

ALLARD

Ⓜ St-Michel

Rue du Four

Ⓜ Mabillon

Bd.

Saint-Germain

Rue Bonaparte

Rue St-Sulpice

Ⓜ Odéon

Ⓜ St-Sulpice

Rue de l'Odéon

Cluny La Sorbonne

Jacques

MUSÉE NATIONA DU MOYEN AGE

Rue de Vaugirard

Rue Guynemer

PALAIS DU LUXEMBOURG

Saint-Michel

QUARTIER LATIN

JARDIN DU LUXEMBOURG

Boulevard

Rue Saint-

PANTHÉO

St-Germain

Allard

1, rue de l'Éperon (entrance)
41, rue Saint-André-des-Arts, 75006 Paris
☎ +33 1 43 26 48 23
Métro: Odéon

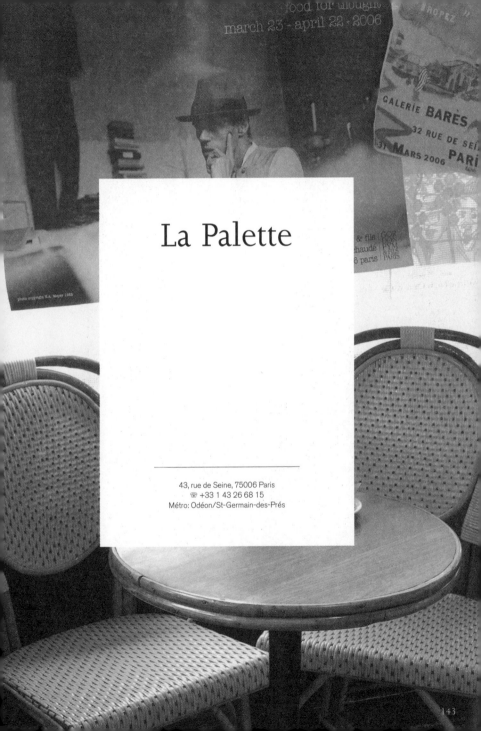

La Palette

43, rue de Seine, 75006 Paris
☎ +33 1 43 26 68 15
Métro: Odéon/St-Germain-des-Prés

144

Bar du Marché

75, rue de Seine, 75006 Paris
☎ +33 1 43 26 55 15
video at www.paris-zoom.com
Metro: Mabillon/Odéon

149

Café de Flore

172, Boulevard Saint-Germain, 75006 Paris
☎ +33 1 45 48 55 26
www.cafe-de-flore.com
Métro: St-Germain-des-Prés

Brasserie
Lipp

151, Boulevard Saint-Germain, 75006 Paris
☎ +33 1 45 48 72 93
www.brasserie-lipp.fr
Métro: St-Germain-des-Prés

LIPP
BRASSERIE LIPP

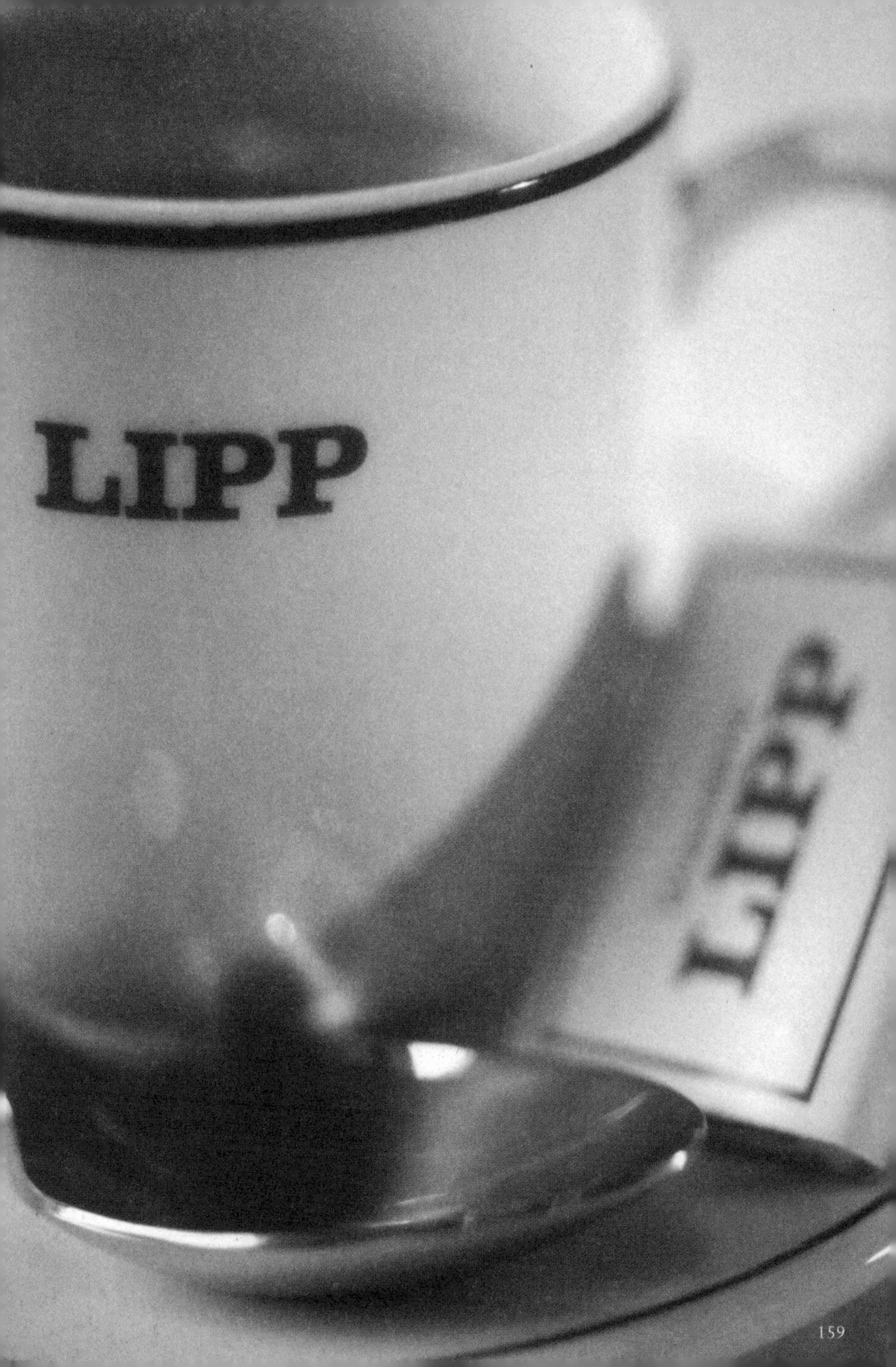
LIPP
LIPP

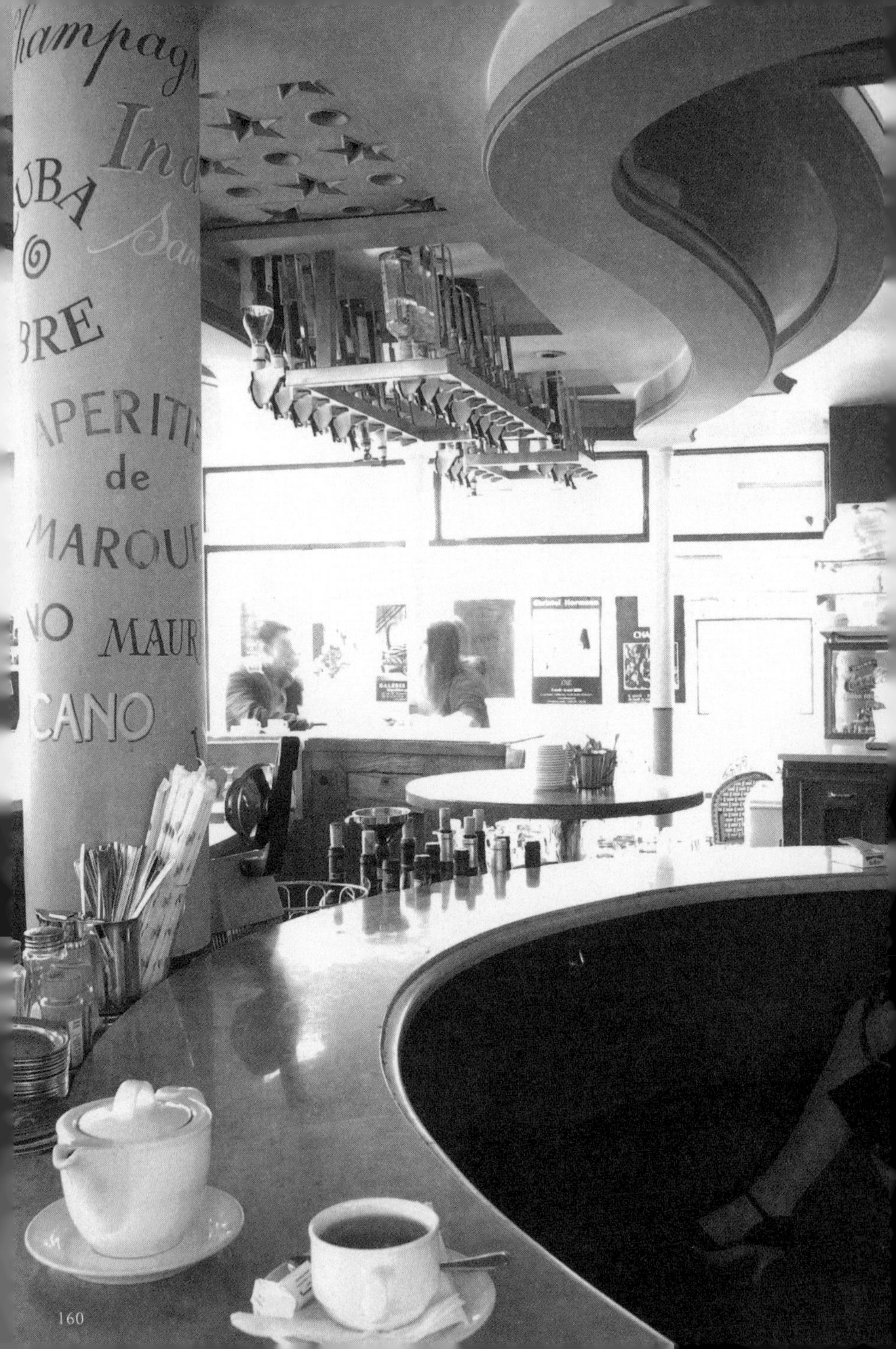
Champagn
Ind
CUBA
BRE
APERITIF
de
MARQUE
NO MAUR
CANO

Le Comptoir des Saints-Pères

29, rue des Saints-Pères, 75006 Paris
☎ +33 1 40 20 09 39
Métro: St-Germain-des-Prés

PLAT
DU
JOUR

· VINS ·
FINS

LE COMPTOIR
DES St PERES
7H-11H
11H-22H

Allard

1, rue de l'Éperon (entrance)
41, rue Saint-André-des-Arts
75006 Paris
☎ +33 1 43 26 48 23

P. 138/139

Charming old-time Bistro

La Palette

43, rue de Seine
75006 Paris
☎ +33 1 43 26 68 15

P. 142/143

Bistro in the Quartier Latin

History: Opened in 1940 | Once a popular meeting place for politicians and stars | **Open:** Mon to Sat 12.00–14.30, 19.00–23.00 | Closed for 3 weeks in August | **X-Factor:** Duck with olives, snails | **Prices:** 8–28 € starters/19–44 € main course

Geschichte: 1940 eröffnet | Einst ein bekannter Treffpunkt für Politiker und Stars | **Öffnungszeiten:** Mo bis Sa 12–14.30 Uhr, 19–23 Uhr | Im August 3 Wochen geschlossen | **X-Faktor:** Ente in Oliven, Schnecken | **Preise:** 8–28 € Vorspeise/19–44 € Hauptgericht

Histoire : Ouvert en 1940 | Jadis célèbre point de rencontre pour les hommes politiques et les stars | **Horaires d'ouverture :** Lun–Sam 12h–14h30, 19h–23h | Fermé trois semaines en août | **Le « petit plus » :** Canard aux olives, escargots | **Prix :** 8–28 € entrée/19–44 € plat principal

History: First opened in 1903 | Once frequented by Picasso and Braque | **Interior:** 1935 | **Open:** Mon to Sat 09.00– 02.00 | **X-Factor:** The dish of the day can always be recommended | **Prices:** 13 € dish of the day | Credit cards: Visa only

Geschichte: 1903 erstmals eröffnet | Picasso und Braque waren hier häufig zu Gast | **Interieur:** 1935 | **Öffnungszeiten:** Mo bis Sa 9–2 Uhr | **X-Faktor:** Tagesgerichte immer empfehlenswert | **Preise:** 13 € Tagesgericht | Kreditkarten: Nur Visa.

Histoire : Ouvert pour la première fois en 1903 | Picasso et Braque en étaient des familiers | **Décoration intérieure :** 1935 | **Horaires d'ouverture :** Lun–Sam 9h–2h du matin | **Le « petit plus » :** Les plats du jour sont à conseiller | **Prix :** 13 € plat du jour | Cartes de crédit : Uniquement Visa

Bar du Marché

75, rue de Seine
75006 Paris
☎ +33 1 43 26 55 15
video at www.paris-zoom.com

P. 146/147

Fashionable Café and Bar

Café de Flore

172, Boulevard Saint-Germain
75006 Paris
☎ +33 1 45 48 55 26
www.cafe-de-flore.com

P. 150/151

Legendary Café

Open: Daily 08.00–02.00 | **X-Factor:** Hip hotspot for young Parisians | Snacks | **Prices:** 4 € beer/7.50 € cocktails/2.50 € coffee

Öffnungszeiten: Täglich 8–2 Uhr | **X-Faktor:** Angesagter Treffpunkt für junge Pariser | Kleine Gerichte | **Preise:** 4,00 € Bier/7,50 € Cocktail/2,50 € Kaffee

Horaires d'ouverture : Tous les jours 8h–2h du matin | **Le « petit plus » :** Lieu de rencontre sympa des jeunes Parisiens | Petite restauration | **Prix :** 4,00 € bière/7,50 € cocktail/2,50 € café

History: The historical café was made famous by celebrities such as Guillaume Apollinaire, André Bréton, Jean-Paul Sartre, Simone de Beauvoir and Juliette Gréco | **Open:** Daily 07.30–01.30 | **X-Factor:** Terrace with a fine view on the busy street | **Prices:** 13 € small uncooked dishes/12 € salad/9.70 € cocktails

Geschichte: Guillaume Apollinaire, André Bréton, Jean-Paul Sartre, Simone de Beauvoir, Juliette Gréco u. a. machten das historische Café berühmt | **Öffnungszeiten:** Täglich 7.30–1.30 Uhr | **X-Faktor:** Terrasse mit Blick auf das Straßengeschehen | **Preise:** 13 € kleine Gerichte/12 € Salat/9,70 € Cocktail

Histoire : Des clients comme Guillaume Apollinaire, André Breton, Jean-Paul Sartre, Simone de Beauvoir et Juliette Gréco | **Öffnungszeiten:** Tous les jours 7h30–1h30 | **Le « petit plus » :** La terrasse pour jouir de l'animation du quartier | **Prix :** 13 € petit plat froid/12 € salade/9,70 € cocktail

Brasserie Lipp

151, Boulevard Saint-Germain
75006 Paris
☎ +33 1 45 48 72 93
www.brasserie-lipp.fr

P. 154/155

Le Comptoir des Saints-Pères

29, rue des Saints-Pères
75006 Paris
☎ +33 1 40 20 09 39

P. 160/161

World-famous Brasserie

History: Founded in 1880 by Leonard Lipp | Favourite spot of writers, politicians, artists and other celebrities | **Interior:** Wall tiles from 1900 | **Open:** Daily 11.30–02.00 | **X-Factor:** Hareng à l'huile, Sole meunière, Millefeuille | **Prices:** 40 € à la carte

Geschichte: 1880 von Leonard Lipp eröffnet | Beliebter Treff für Schriftsteller, Politiker und Künstler | **Interieur:** Wandfliesen von 1900, Art-déco-Einrichtung von 1926 | **Öffnungszeiten:** Täglich 11.30–2 Uhr | **X-Faktor:** Hareng à l'huile, Sole meunière, Millefeuille | **Preise:** 40 € à la carte

Histoire : Ouvert en 1880 par Leonard Lipp | **Décoration intérieure :** Faïences murales de 1900, décoration Art déco de 1926 | **Horaires d'ouverture :** Tous les jours 11h30–2h | **Le « petit plus » :** Hareng à l'huile, sole meunière, millefeuille | **Prix :** 40 € à la carte

Traditional French Café

History: Once frequented by Ernest Hemingway and James Joyce | **Open:** Mon to Fri 07.00–23.30 (warm food served until 22.00), Sat/Sun 08.00–21.00 | **Prices:** 20–22 € set menu/12 € dish of the day/4–5 € dessert/2.40 € coffee

Geschichte: Einst oft von Ernest Hemingway und James Joyce besucht | **Öffnungszeiten:** Mo bis Fr 7–23.30 Uhr (Küche geöffnet bis 22 Uhr), Sa/So 8–21 Uhr | **Preise:** 20–22 € Menü/12 € Tagesgericht/4–5 € Dessert/2,40 € Kaffee

Histoire : Fréquenté jadis par Ernest Hemingway et James Joyce | **Horaires d'ouverture :** Lun–Ven 7h–23h30 (cuisine ouverte jusqu'à 22h), Sam/Dim 8h–21h | **Prix :** 20–22 € menu/12 € plat du jour/4–5 € dessert/2,40 € café

SEINE

Rue du Bac
Rue de l'Université
Rue de Verneuil
St-Pères
Quai de Conti

GAYA RIVE GAUCHE

Boulevard
Rue des
Rue
Jacob
Rue de Seine
Rue Mazarine

ST-GERMAIN DES-PRÉS

Boulevard
R. des Saints-Pères
Rue du Dragon
St-Sulpice

Sèvres Babylone

Rue de
Sèvres
Cherche-Midi

Saint-
St-Germain des-Prés
Mabillon
Germain
Odéo

CAFÉ DE LA MAIRIE

Rue de Rennes

Rue de l'Odéon

Pl. St-Sulpice
ÉGLISE SAINT-SULPICE

Raspail

Rue de Mézières

AU BON SAINT-POURÇAIN

MAMIE GÂTEAUX

Rue de Rennes
Rennes
Rue de
Rue Madame
Vaugirard
Rue Guynemer

PALAIS DU LUXEMBOURG

Rue de Fleurus

St-Placide

JARDIN DU LUXEMBOURG

Notre-Dame des Champs

Rue Vavin
Rue d'Assas
Rue Auguste Comte
Bd. Saint-Michel

Bd. du Montparnasse
Vavin

LA COUPOLE

Montparnasse
St-Sulpice
Sèvres-Babylone

Gaya Rive Gauche par Pierre Gagnaire

44, rue du Bac, 75007 Paris
☎ +33 1 45 44 73 73
Métro: Rue du Bac

Café de la Mairie

8, Place Saint-Sulpice, 75006 Paris
☏ +33 1 43 26 67 82
Métro: Saint-Sulpice/Mabillon/Odéon

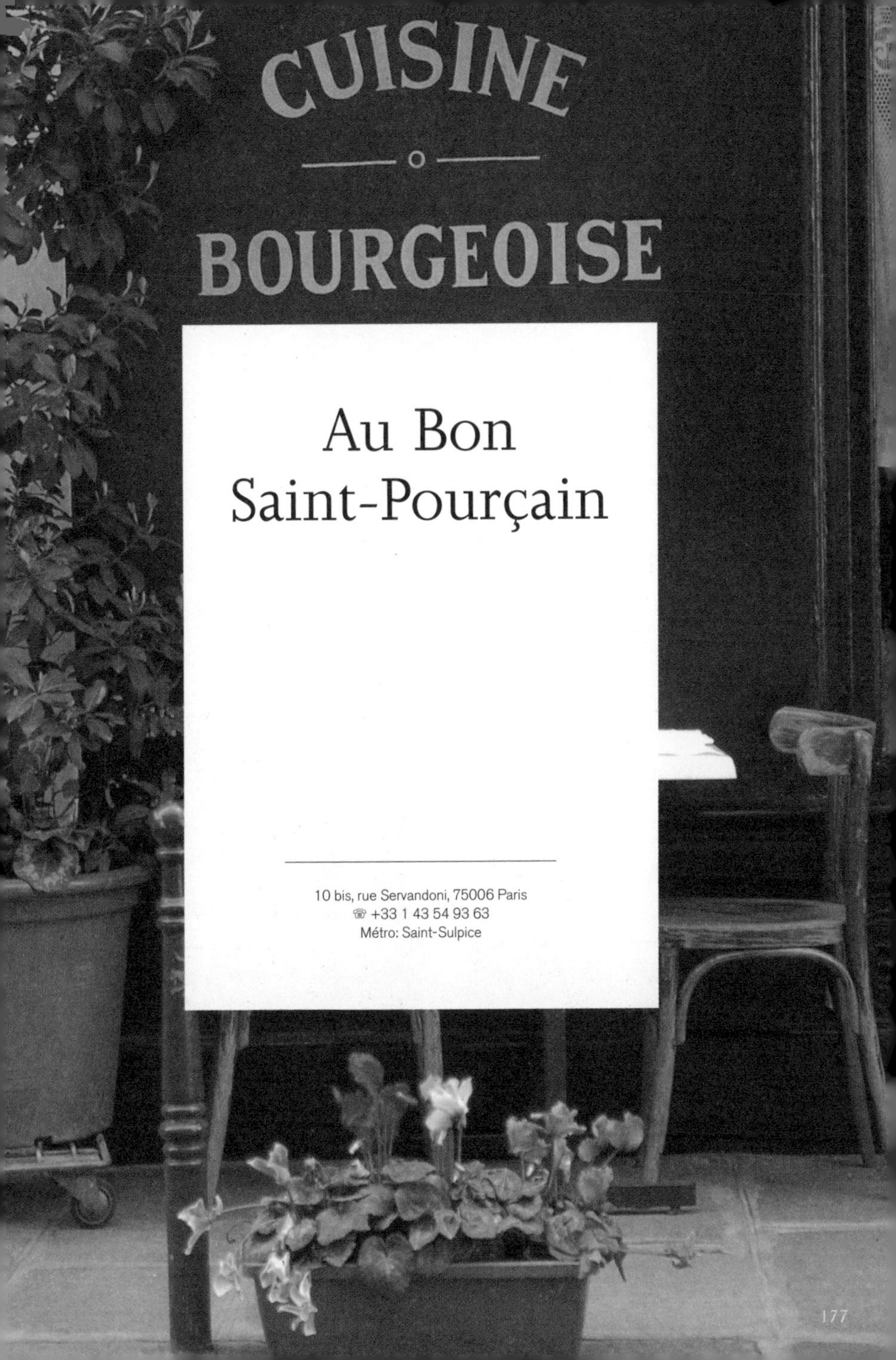

CUISINE
—o—
BOURGEOISE

Au Bon Saint-Pourçain

10 bis, rue Servandoni, 75006 Paris
☎ +33 1 43 54 93 63
Métro: Saint-Sulpice

179

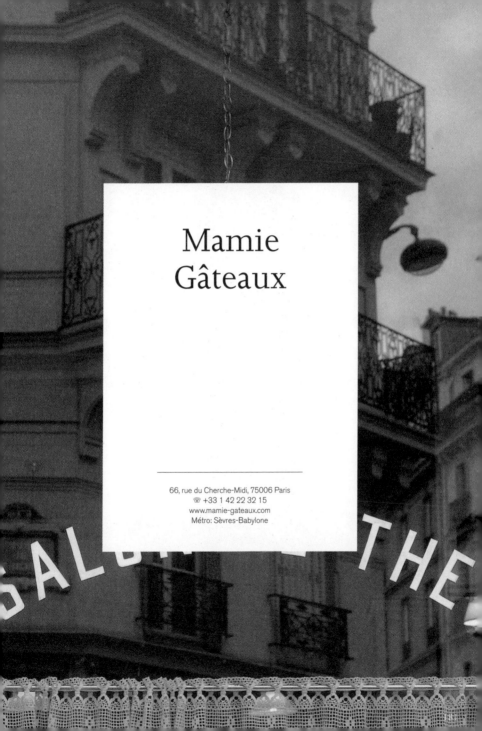

Mamie
Gâteaux

66, rue du Cherche-Midi, 75006 Paris
☎ +33 1 42 22 32 15
www.mamie-gateaux.com
Métro: Sèvres-Babylone

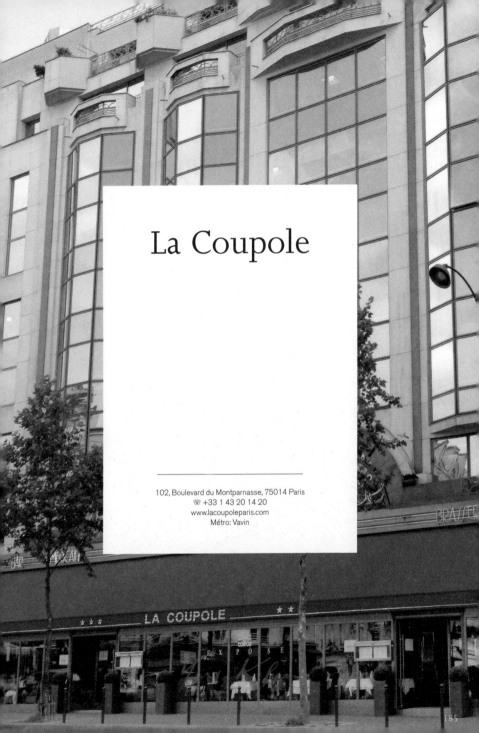

La Coupole

102, Boulevard du Montparnasse, 75014 Paris
☏ +33 1 43 20 14 20
www.lacoupoleparis.com
Métro: Vavin

Gaya Rive Gauche par Pierre Gagnaire

44, rue du Bac
75007 Paris
☎ +33 1 45 44 73 73

P. 168/169

Modern Fish Restaurant
Chef: Guillaume Delage | **Design:** Christian Ghion

Open: 12.00–14.30, 19.30–23.30, closed on Sundays and for 3 weeks in August | Reservations recommended | **X-Factor:** Rock lobster risotto, wild perch | A good choice of wine by the glass | **Prices:** 50 € à la carte/23 € dish of the day

Öffnungszeiten: 12–14.30 Uhr, 19.30–23.30 Uhr, So und 3 Wochen im August geschlossen | Reservierung empfohlen | **X-Faktor:** Langusten-Risotto, Wilder Barsch | Gute Auswahl an offenen Weinen | **Preise:** 50 € à la carte/23 € Tagesgericht

Horaires d'ouverture : 12h–14h30, 19h30–23h30, fermé le dimanche et trois semaines en août | Sur réservation | **Le « petit plus » :** Risotto de langoustes, filet de perche | Bon choix de vins débouchés | **Prix :** 50 € à la carte/23 € plat du jour

Café de la Mairie

8, Place Saint-Sulpice
75006 Paris
☎ +33 1 43 26 67 82

P. 172/173

Traditional Parisian Café

Open: Daily 07.00–02.00 | **X-Factor:** Terrace with a view of the church and Place Saint-Sulpice | Snacks such as Croque Monsieur | **Prices:** 4.50 € Croque Monsieur/2.40 € coffee | No credit cards

Öffnungszeiten: Täglich 7–2 Uhr | **X-Faktor:** Terrasse mit Blick auf die Kirche und Platz Saint-Sulpice | Kleine Gerichte wie Croque Monsieur | **Preise:** 4,50 € Croque Monsieur/2,40 € Kaffee | Keine Kreditkarten

Horaires d'ouverture : Tous les jours 7h–2h du matin | **Le « petit plus » :** La terrasse avec sa vue sur l'église et la place Saint-Sulpice | Petite restauration comme croque-monsieur | **Prix :** 4,50 € croque-monsieur/2,40 € café | Cartes de crédit non acceptées

Au Bon Saint-Pourçain

10 bis, rue Servandoni
75006 Paris
☎ +33 1 43 54 93 63

P. 176/177

Traditional French Cuisine

Open: Mon to Sat 12.00–14.30, 19.30–22.30 | **X-Factor:** Plain traditional French cuisine with dishes such as Pot au Feu and snails | **Prices:** 6–12 € starters/20 € main course/29–48 € set menu | No credit cards

Öffnungszeiten: Mo bis Sa 12–14.30 Uhr, 19.30–22.30 Uhr | **X-Faktor:** Einfache traditionelle französische Küche mit Gerichten wie Pot au Feu, Schnecken | **Preise:** 6–12 € Vorspeise/20 € Hauptgericht/29–48 € Menü | Keine Kreditkarten

Horaires d'ouverture : Lun–Sam 12h–14h30, 19h30–22h30 | **Le « petit plus » :** Cuisine française traditionnelle, comme le pot-au-feu ou les escargots | **Prix :** 6–12 € entrée/20 € plat principal/29–48 € menu | Cartes de crédit non acceptées

Mamie Gâteaux

66, rue du Cherche-Midi
75006 Paris
☎ +33 1 42 22 32 15
www.mamie-gateaux.com

P. 180/181

Calm and Relaxing Tearoom

Open: Tues to Sat 11.30–18.00 | **X-Factor:** Non-smoker café | Specialties: homemade cakes, pastries, quiches | **Prices:** 9 € set menu (quiche with salad and a drink)/5 € cakes/4.50 € tea

Öffnungszeiten: Di bis Sa 11.30–18 Uhr | **X-Faktor:** Nichtraucher-Café | Spezialitäten: Hausgemachte Kuchen, Gebäck, Quiches | **Preise:** 9 € Menü (Quiche mit Salat und ein Getränk)/5 € Kuchen/4,50 € Tee

Horaires d'ouverture : Mar–Sam 11h30–18h | **Le « petit plus » :** Café non-fumeur | Spécialités : Gâteaux maison, pâtisseries, quiches | **Prix :** 9 € menu (quiche, salade, boisson)/5 € gâteau/4,50 € thé

La Coupole

102, Boulevard du
Montparnasse
75014 Paris
☎ +33 1 43 20 14 20
www.lacoupoleparis.com

P. 184/185

Legendary Brasserie on Montparnasse

History: Opened in 1927 | **Interior:** Magnificently designed
Art Deco dining-room | **Open:** Sun to Thurs 12.00–01.00,
Fri/Sat 12.00–01.30 | Breakfast 08.30–10.30 | **Prices:**
24–31 € set menu

Geschichte: 1927 eröffnet | **Interieur:** Prachtvoll gestalte-
ter Art-déco-Saal | **Öffnungszeiten:** So bis Do 12–1 Uhr,
Fr/Sa 12–1.30 Uhr | Frühstück 8.30–10.30 Uhr | **Preise:**
24–31 € Menü

Histoire : Ouvert en 1927 | **Décoration intérieure :** Somp-
tueuse salle Art déco | **Horaires d'ouverture :** Dim–Jeu
12h–1h du matin, Ven/Sam 12h–1h30 du matin | Petit-
déjeuner 8h30–10h30 | **Prix :** 24–31 € menu

Imprint | Impressum

© 2007 TASCHEN GmbH
Hohenzollernring 53, D-50672 Köln
www.taschen.com

© 2006 Cover by Olaf Hajek, Berlin
© 2006 Maps by Michael A Hill/Mapsillustrated.com

Compilation, Editing & Layout by
Angelika Taschen, Berlin

Photos by
Vincent Knapp, Paris

General Project Manager
Stephanie Bischoff, Cologne

Design
Eggers + Diaper, Berlin

Lithograph Manager
Thomas Grell, Cologne

German Text Editing
Nazire Ergün, Cologne

French Translation
Thérèse Chatelain-Südkamp, Cologne

English Translation
Kate Chapman, Berlin

Printed in Italy
ISBN 978-3-8228-4272-0

We cannot assume liability for any inaccuracies which may be contained in the information provided. / Für die Richtigkeit der mitgeteilten Informationen können wir keine Haftung übernehmen. / Nous ne pouvons être tenus responsables de la véracité des informations communiquées.

To stay informed about upcoming TASCHEN titles, please request our magazine at www.taschen.com/magazine or write to TASCHEN, Hohenzollernring 53, D-50672 Cologne, Germany, contact@taschen.com, Fax: +49 221 254919. We will be happy to send you a free copy of our magazine which is filled with information about all our books.